भावनाओं का समंदर
(कविता संग्रह)

आशुतोष गौतम

Copyright © Ashutosh Gautam
All Rights Reserved.

This book has been self-published with all reasonable efforts taken to make the material error-free by the author. No part of this book shall be used, reproduced in any manner whatsoever without written permission from the author, except in the case of brief quotations embodied in critical articles and reviews.

The Author of this book is solely responsible and liable for its content including but not limited to the views, representations, descriptions, statements, information, opinions and references ["Content"]. The Content of this book shall not constitute or be construed or deemed to reflect the opinion or expression of the Publisher or Editor. Neither the Publisher nor Editor endorse or approve the Content of this book or guarantee the reliability, accuracy or completeness of the Content published herein and do not make any representations or warranties of any kind, express or implied, including but not limited to the implied warranties of merchantability, fitness for a particular purpose. The Publisher and Editor shall not be liable whatsoever for any errors, omissions, whether such errors or omissions result from negligence, accident, or any other cause or claims for loss or damages of any kind, including without limitation, indirect or consequential loss or damage arising out of use, inability to use, or about the reliability, accuracy or sufficiency of the information contained in this book.

Made with ♥ on the Notion Press Platform
www.notionpress.com

यह काव्य संग्रह समर्पित है मेरे सारे अपने जनों को जो हर सुख दुख, हर परिस्थिति में प्रत्यक्ष या अप्रत्यक्ष रूप से मेरे साथ खड़े है, खड़े रहे थे।

एवं, यह समर्पित है सभी काव्य प्रेमियों को जो अच्छी कविता पढ़ना चाहते है।

क्रम-सूची

क्रम-सूची

क्रम-सूची

प्रस्तावना

यह काव्य संग्रह मेरे द्वारा रचित कवितयों का संग्रह है। मेरे द्वारा रचित ये सारी कविताये मनुष्य की भावनाओं को दर्शाते है। मैं कही ना कही सभी महान कवियों से प्रेरित रहा हूँ। चाहे वो बीते दशकों के कवि हो या इस समय के कवि, सभी को मैं पढ़ता हूँ और सुनता हूँ। और मैं सभी से प्रेरित हूँ, जो भी कुछ ऐसा लिखते है जिनसे भावनाओं पीरी असर हो।

आशुतोष गौतम

भूमिका

जीवन की गहराइयों में छिपे अनगिनत भावों को शब्दों के मोतियों में पिरोकर, 'भावनाओं का समंदर (कविता संग्रह)' हमें एक ऐसी यात्रा पर ले जाता है जहाँ हर कविता अपने आप में एक नया आयाम प्रस्तुत करती है। इस काव्य संग्रह में हर भावना को इतनी बारीकी से उकेरा गया है कि पाठक खुद को कविताओं के सागर में तैरता हुआ महसूस कर सकता है।

यह पुस्तक न केवल भावनाओं की गहराई को समझने का एक माध्यम है, बल्कि यह हमें अपने आस-पास की दुनिया को एक नए नजरिए से देखने की प्रेरणा भी देती है। यहाँ प्रत्येक कविता एक नई कहानी कहती है, एक नई सोच को जन्म देती है, और हमें अपने भीतर की गहराइयों में झांकने का अवसर प्रदान करती है।

'भावनाओं का समंदर' एक ऐसा काव्य संग्रह है जो अपने पाठकों को भावनाओं की अनूठी यात्रा पर ले जाता है, जहाँ हर शब्द एक नया अर्थ लेकर आता है और हर कविता एक नया अनुभव प्रदान करती है। इस संग्रह के माध्यम से, कवि ने अपने दिल की गहराइयों से उठने वाली भावनाओं को शब्दों में ढाला है, जिसे पढ़कर हर कोई अपने भीतर की भावनाओं को जागृत कर सकता है।

आइए, हम इस काव्य संग्रह के माध्यम से भावनाओं के इस समंदर में गोता लगाएँ और अपने जीवन की अनकही कहानियों को नए सिरे से जीवंत करें।

पावती (स्वीकृति)

यह पुस्तक समर्पित है मेरे सभी हितैषियों को साथ ही साथ सभी हिन्दी काव्य प्रेमी को।

दमन की चोट

दमन की चोट को सहना, दुखो के साथ मे हसना,

अकेले मे कभी चलना, या हो फिर भीड़ से लड़ना,

सहा सब कुछ है तुमने, इस धरा पर जन्म ले कर के,

कभी गिरना या फिर उठना, नदी सा अविरल बहना।

कभी जब खाब हू बुनता, हकीकत रुठ है जाते,

गढ़ुं मुरत कभी सुन्दर, तो सांचे टूट है जाते,

मेरे और तेरे किस्सो मे, फरक बस ये ही है दाता,

सदा तुम फल प्रदाता हो, मगर हम मांग ना पाते।

कथा कैसी भी हो यारो, हम उसको सुन ही आते है,

सहस्रो सीप मे से एक, मोती चुन ही लाते है,

तुम कष्टो को हमारी ओर जरा कुछ जोर से फेको,

तुम देखोगे के उसकी हम कैसी धुनी रमाते है।

कहानी

कहानी कहकहो के साथ, सुनाते वे चले गए,

गमो को दिल के भीतर मे, दबाके वे चले गए,

कभी जो इल्म हो कि आंख मे उनके भी आंसु है,

वे अपने मुस्कराहट से , झुठलाते चले गए।

अच्छाई को छुपाकर के, बुरे बनते चले गए,

सभी के साथ चलने को, सब सहते चले गए,

हुआ अब है कि दुनियाभर के चादर ओढ़कर के भी,

भरी इस भीड़ मे खुद को, अलग गढते चले गए।

फुलो के ताज के आगे, सभी फिके से लगते है,

प्रकृति का दिया सब कुछ, सभी फ्री के ही लगते है,

छलो से जीत लो लेकिन, तुम इतनी सी समझ लेना,

विजय हासिल हो जब भी यो, बड़े तीखे ही लगते है।

धाराओ को बहते

धाराओ को बदलते देख रहा,

सीमाओ को यही तो गढ़ती है,

रचना उन्ही की निरेख रहा,

जो कलकल करती बहती है।

उद्गम पर बहुत ही तीव्र वेग,

पर आकार छोटी सी होती है,

पा धरती की ममतामयी पटल,

हो वृहद शान्तोचित सोती है।

मानव हृदय सीखे इनसे,

जब बड़े बनो तब धैर्य रहे।

भाषा

भाषा को व्याकरण नियंत्रित करती है,

ब्रह्मांड को उर्जा संयंत्रित करती है,

सब समय अधिन हो बदल रहे,

सब प्रकृति व नियति निर्धारित करती है।

तुममे मुझमे तेरा मेरा,

क्यो दुनिया इसमे उलझी है,

सर्वस्व लुटा प्रकृति हम पर,

दुखित हो हमे निरेखती है।

भाषाई विद्या है जटिल बड़ी,

समझो तो फिर उत्तर भी दो,

ना समझो तो अज्ञानता रही,

क्यो भाव नयनो से ना व्यक्त हो।

अक्षर सीमित है, साथ शब्द भी,

भावना न बांध सका कोई,

फिर भाव का ही खेल है सब,

महत्ता उसकी जो बेमोल बिका,

शेष सभी समर मे गए बहक।

बोझिल सी आँखें

बेबस सी बोझिल आंखो को सकुचाते हमने है देखा,

जिनकी चाहत, सभी चैन सुकुन बेटे से सर्वदा सटे रहे,

पौरुष बल से मेहनत भी की, अपने दर्द जो भुला बैठे,

उन सज्जन को उस दुखित क्षण मे, मुरझाते हमने है देखा।

नज़र

नजरो ने एक नजर को पढ़ा,

अरमानो को सीने मे दबाए,

किसी कंवल से कुम्भलाए,

फिर नजरो ने उसे दिल पर गढ़ा,

समझा परखा फिर आजाद कर दिया,

फिर सदियो तक नजरो ने नीर बहाए।

कुदरती थे तौर तरीके उसके,

नामुमकिन था जमीं पर वो रह सके,

फिर नजर ए करम हुई जब उपर से,

नजर फिर नजरो को बैठा भुलाए।

बिटिया

नन्ही सी कदमो की आहट,

प्यारी सी तेरी किलकारी,

नानी की बगिया व चौखट,

आइ हो मेरी राजदुलारी।

सरस्वती हो लक्ष्मी भी हो,

उन्मुक्त गगन, जमीं भी हो,

नन्ही सी परी जो सपनो से,

आ धरती पर, रंगी दुनिया सारी।

वो प्यारी सी तेरी किलकारी।

क्या लिखु तुम्हे मेरी बेटी,

नवजीवन मुझको तुने दिया,

तेरी एक एक जो किलकारी,

मुझे और साहसी बना दिया।

तुझमे जब स्वयं को ढूंढता जब,

हरदम तु मुझमे मिलती है,

मेरे अंदर कमल सी खिलती है,

तुने रिश्ता ये कैसा रचा दिया।

हिन्दी

भाषा का भावपूर्ण रहना, काल खण्ड के इतिहास को कहना,

स्मृतियो को सहेजकर रखना, समर शेष जिन्हे है गढ़ना,

आत्मसात हर क्षण को करना, वर्तमान मे भविष्य को रचना,

जनमानस से नायक को कहना, धरोहर, हृदय लगाकर रखना,

वीर की वीरता को परखना, नायक को महिमामंडित करना,

यह सभी, भाषा के कृति है, भाषा से ही सब होता सुगम,

भाषा की व्याकरण से तृप्ति है, भाषा मे फिर हिन्दी उद्गम,

भारत के हृदय मे रची बसी, सभी भाव को परिपूर्ण किया,

जनमानस की भाषा बनकर, नित्य नये आयाम रचित किया,

ना उच्च निच का अंतर जिसमे, ना किसी प्रकार की विषमता,

समाज के प्रेरणास्रोत जिससे, सीख गुढ ज्ञान और समरसता,

कल्याण पथ प्रशस्त हुआ, जब संस्कृत ने हिन्दी को जना।

जब संस्कृत ने हिन्दी को जना। जब संस्कृत ने हिन्दी को जना।

दीदार

नब्ज टटोलोगे तो धड़कनो से गुफ्तगू भी होगी,

बहाने बहुत है आपके दिदार को,

क्यो कब कहां मे फसो मत यारो,

अब तो पत्थर भी बिकते है, अगर खरीदार हो,

हकीम बना बैठे है आपको कितने,

मरीज हमे भी है बनना गर दवा असरदार हो।

विरासत

विरासत बना सहेजते हो,

चीजो को अपने पुराने जो,

आसानी से भुलाए जाते है,

जिन्हे पाने मे लगे जमाने हो,

निर्जीव से अंधमोह ऐसा है,

कि अब जिंदो को लगे दफनाने वो।

प्रतीक

हमने देखा है लोगो को,

प्यार, प्रतिको मे ढूंढते हुए,

कभी ताजमहल, कभी चित्तौड़,

कभी गहलौर के माँझी बनते हुए,

प्रतिको मे ढुंढोगे इसको तो,

फिर अंदर इसे ना पाओगे,

बस शिश नवा बाहर से ही,

मझधार मे रह जाओगे।

नयी रीत

मै देख रहा ये रीत नई,

बाहर से रंगे ईश रंग,

अंदर मे सब मलीन बड़ी,

मंदिर मस्जिद सब भंग भंग,

भीतर मे सभी जो देव बसे,

बाहर हो व्यर्थ क्यो खोजते,

एकाग्र मन, फिर स्वचिन्तन,

भीतर के महल प्रवेश करे,

सब सुख भीतर ही पाओगे,

तो फिर धैर्य साहसी वीर बने,

ईश्वर मे बस अब रम जाए,

चाहे राम या रहीम बने,

नफरत की आग से बचकर के,

खुद ही अपना भगवान गढ़े,

और उनको भीतर मे रखे,

पुजा जिनकी हो अहम त्याग,

काम क्रोध लोभ मोह का सर्वनाश,

संयम से यह हासिल होगा,

संकल्प सत्य हो और कर्म सत्य,

फिर विजय पथ प्रशस्त होगा।

माँ

आज माँ ने कहा कुछ शब्द मुझपर लिखो,

बस तभी से सारे शब्द भुलाए बैठा हु,

इस काबिल है समझा उन्होने मुझको,

अब ब्रम्हाण्ड को चुनौती दे दु, ऐसे ऐठा हु।

चाह

जब चाह थी की दौलत हो,

इतना हो कि कोठी भर दु।

अब चैन ओ सुकून को तरसते,

जो चाह थी कभी, सोने से मढ़ दु।

सोचा था कि छोटा सा घर,

घर मे एक कोना हो अपना,

अब घर भी है, है सभी साधन भी,

पर उसमे अपनो को कैसे मै गढ़ दु।

समय अपने रफ्तार से तमाम होने को है,

कुछ भी यथावत रहना नही है,

जो सुबह की चमक है बनी सी,

कह दो उससे, ढलती शाम हो रोने को है।

अंधेरे बाहो मे समेट लेंगे उन्हे,

उजाले से भागने वाले,

आपका यही अंजाम होने को है।

वक़्त बदलने की तैयारी

जब विश्वास पर आस्था भारी हो,

जब हर कही बेकारी व लाचारी हो,

मुफलिसी मे ज़िन्दगी गुजारी हो,

गाली-गलौज जनहित मे जारी हो,

आतंक और खौफ की छाई महामारी हो,

समझना जैसे वक़्त के बदलने की तैयारी हो।

योद्धा

हल्की सी ठंढी बयार जैसा,

तपती गर्मी मे बारिश फुहार जैसा,

ओस के बुन्दो को थामे खर पतवार जैसा,

हफ्ते भर के बाद आराम इतवार जैसा,

भूखे पेट के लिए मिष्ठान भंडार जैसा,

कमजोरो के लिए बाहूबली सरकार जैसा,

समय कथाकार बन, रच योद्धा दमदार ऐसा,

बस रच वीर सरदार ऐसा।

वीर

मुस्कुराहट लिए आप आए होंगे, धरा भु धाम पा आपका स्पर्श,

अनायास ही मंगल गान गाए होंगे। बेसहारो को हर संभव सहारा,

गरीबो की सुध लेने वाला, बचे कुछ ही है आप जैसे विरले,

निस्वार्थ भाव आप मे आ के, इतराए होंगे। आज माँ शैलपुत्री से कर जोड़,

आपके लिए कुशल क्षेम मांगा, विशाल हृदय कोमल भी बहुत,

समीप है जो, जगे सभी के सौभाग्य होंगे। बलशाली तो नर कई हुए,

चौड़ी छाती भौ तने हुए, समृद्धि से परिपूर्ण सभी,

परपीड़ा समझे कोई नही, फिर आप आए सम्मुख सभी,

सभी के कष्टो को अपनाकर, करूणा के संग प्रदीप्त रवि,

नायक परदे पर बहुतेरे है, धन कुबेर के सभी घेरे है,

पर व्यापकता से यु सहायता, कितनो ने किया, है सबको पता,

वंदनीय आप और सभी सहयोगी, वंदनीय आप और सभी सहयोगी।

बिहार

बिहार मे करे विहार, महापर्व को है तैयार,

सूर्य अर्घ्य शाम भीनसार, शरद ऋतु ठंडी बयार,

लीटी चोखा चटनी अचार, भूमंडल पर गर्जन प्रकार,

सपनो को करने साकार, स्वयंभू सा कर के शृंगार,

बिहार मे यो हो आपका पधार, खुशियो की बगिया मे बहार,

सुस्वागतम बारम्बार बारम्बार। कर्मठ मेहनतकश, हूँ इमानदार,

जी, मै ही हूँ बिहार। छला गया हूँ अपनो से बारम्बार,

कभी राजनीतिक गलियारो की अनदेखी, कभी सख्सियतो की चुप्पी से,

फिर भी खड़ा हू निर्भीक शानदार, जी, मै ही हूँ बिहार।

सबसे समृद्ध व गौरवशाली इतिहास, वैश्विक धर्मो का जनक स्थान,

वीरो महावीरो की धरती यह, कुटनीति अर्थ शास्त्र गाथा महान,

सब रचित हुआ मेरी छाती पर, कर्ण दानी दिया व अशोक महान,

इतिहास मेरी है जग जाहिर, पर आज पर है दारोमदार,

करना है बेहतर बिहार, फिर वैसा ही समृद्ध व विकसित बिहार,

कृषि आधारित उद्योग सभी, अनुकूल माहौल व सभी सरोकार,

बस हालात बदलने को तैयार, मै ही हूँ बिहार।

आइ टी और सर्विस सेक्टर को, बाहे पसारे स्वागत को तैयार,

मै बिहार, सबका बिहार, फार्मास्यूटिकल्स भी, वस्त्र उद्योग भी,

करे निवेश बनाए बेहतर कल व आज, आपके स्वागत को
तत्पर,

जी, मै बिहार, सबका बिहार। जनता है काफी जागरूक अब,

नकारात्मक खबरो को कर दरकिनार, निवेश करे बिहार मे बस
एक बार,

सस्ते श्रमिक, सस्ती सब कुछ, उस पर मेरा दिल खोल प्यार,

फिर बदलने को बने भागीदार, आइए करे निवेश, बदले बिहार,

उत्साहित, आनंदित हरदम जीवंत, जी, मै ही हूँ बिहार।

मज़दूर

कंधो पर बोझ उठाए,

ध्यान को बस कर्म मे लगाए,

सर्द रात या चिलचिलाती धूप,

कदमो को मंजिल ओर बढ़ाए,

निंद त्याग दी, संग भुख प्यास भी,

थपेड़े सहते है हँस कर हम सभी,

बस नयन ही कभी जो छलक जाए,

ठीक ही है, हक है इनका। छलक जाए,

फिर व्यर्थ ही सभी हमको आँख दिखाए।

वीरता

समर अभी और गढ़ने दो।

साहस का परिचय देने को,

दुनिया को और परखने दो,

समर अभी और गढ़ने दो।

जब हारा तब एहसास हुआ,

जीतने मे और विश्वास जगा,

कुछ कार्य अपूर्ण रहा होगा,

सृष्टि ने कुछ है यो भी ठगा,

चलो नूतन इतिहास रचने को,

हृदय को शीतल रखने को,

समर अभी और गढ़ने दो।

द्वन्द

सभी राजनीतिक उठा पटक मे है लगे, कोई जीत रहा किसी को
हार मिली गले,

इनका तो चुनाव विधि प्रत्यक्ष दिख भी गया, एक मे अध्यक्ष
सीधे कार्यकर्ता के सिर मढे,

बात उनकी हो नही सकती जो चैनलो को खरीद बैठे, उनमे
पारदर्शिता है, इनमे तानाशाही घने,

उनकी दिवानगी इतनी अंदर तक आप मे, कि विपक्ष है वो,
फिर भी सभी के सवाल उन्ही से बड़े।

फलक तक पहुँचने की कोशिशे करते रहे, समय गिरते सम्भलते
यु ही कटते रहे,

एक नजर पलट कर देखा जब मै, अकेले था चला, अब हजारो
पिछे है खड़े।

कर जोड़ कर हो गये खड़े, संघर्ष पथ के संगी सभी, अनल
ज्योत हृदय मे लिए, साक्षात सुर्य देव के खड़े।

वर के बिना वरदान सा, निश्छल प्रेम नयनो मे भरे, सिन्धु
स्वयं आ आशिष दे, पर्वत सुमेरू कद मे घटे।

दिखावा

दुसरो को दिखाने मे खुद को भुला बैठे,

मेरी किस्मत तराशने जब धोखेबाज निकले,

मयस्सर इतनी भी सुकून न जीवन मे हुई हमे,

पता मयखाना का लेकर जो कब्रगाह पहुंचे,

उस पल यारो की यादें आई निगाहो के सामने,

तब यकीन हुआ, दिये से सूरज की तुलना ही व्यर्थ किए।।

निशां

पहले तेरे होने का निशां खोजते थे,

आज हर तरफ तु ही तु नजर आता है।

कभी घर से अकेले निकलने पर शक था,

आज तेरे करम से, वो चला जा रहा है।

फ़साना

जमाने भर की यादो का, बस इतना ही फसाना है,

कमाई कर के मर जाए, खरच क्षण मे ही जाना है,

बचत करने की सोची जो, ब्रह्मांड हिल सा जाता है,

यही सब सोच कर के मन, सीमित सकुचा ही रहता है।

मित्रता

अब टुट गया, मुझे लुट रहा, हर तरफ़ है सबकुछ टुट रहा,

दिल भी टुटा, वो भी रूठा, मुफ़लसी है। क़िस्मत फुट गया।

तब भगवन बोले, इधर देख, क्यु व्यर्थ परेशाँ है बैठा,

कोशता तु हर पल मुझको है, धिक्कारता क़िस्मत को है।

देखो! क्या क्या न दिया तुझको, दिलदारो की बस्ती दे दी,

अपनी सारी हस्ती दे दी, जीवन की सभी ख़ुशियो के संग,

तुझको सारी मस्ती दे दी। ये जो लगते तुझको दूर बड़े,

सब भीतर तेरे जम कर के पड़े, इनको ही को तो मित्र कहते है,

गाली इनको मीठी लगती, लतम जुतम से गढ़े हुए,

पर देख इन्हे, हर मुश्किल मे, संग तेरे सर्वदा खड़े रहे।

यमराज है इनसे थर्राते, जब ये नथुनो को है लहकाते,

आँधियो का रूख ये मोड़ते है, मित्रो हेतु प्राण भी तजते है।

प्राण त्देत्या दे पर प्रण को नही, पा ऐसे मित्र क्यु ना इतराते।

मैने कहा, हाँ सत्य कहा, ये मित्र मेरे सभी दुष्ट बड़े,

पर प्रानप्रिय सभी दिल से जुड़े। मिलना दिनो से हुआ नही,

पर प्रेम सदा बढ़ते ही रहे। कुटुंब से दूर, अनजान शहर,

अनजान सफ़र, सुनसान डगर, थे उस पथ के सभी हमराही,

संग दिल मे बसे, ना एकाकि। परिवार से दूर जब रहना हुआ,

तब मित्रो का गहना बना, यारो ने मुझको था घेर लिया,

अपनाकर मुझको, नया स्वर्ग दिया। क्या बना दिया तुम लोगो
ने,

कुछ अनूठा मझको रंग दिया, जीवन ढंगो से थी चल ही रही,

पर तुमसब ने नया ही ढंग रचा। उत्साह दिया, साहस बल संग,

नवरंग किया, उमंग दिया, प्राण शक्ति जो थी क्षीण हुई,

आत्मबल भरकर परिपूर्ण किया। लड़ता तुमस, झगड़े भी किए,

अनाचार, व्यभिचार तर्क कुतर्क सभी, सब तुमसे शुरू, तुम सब
पे ही खतम,

ना पछतावा ना जीत घमंड। अब सभी बड़े याद आते हो,

अब सभी बड़े याद आते हो। सुहाने पल के थे तुम संगी सब,

चाहता हू फिर वो पल वापस हो। ज़रूरत आन पड़ी, एक खुसरो
की,

विरासत, मित्रता की पूरखो सी, जो बतलाए और दिखलाए,

कई कर्ण मैने है पाए, इस कलियुग मे जो है आए,

इसी जननी ने है उपजाए। मेरे जीवन के सब अभिन्न अंग,

हर वक्त हरदम मेरे संग, चाहे धूप तेज या बरखा हो घन,

हर क्षण खड़े बन मेरे भुजदण्ड। मै स्तब्ध और विस्मित हो सा रहा,

आज लेखनी ने क्या है रचा दिया, सब धुंधला सा दिखने है लगा,

नैनो ने जो धारा बहा दिया। शेष अब लिख ना पाऊँगा,

कलम आराम करने दो, मित्रता पवित्र है इतनी,

समर अभी और गढ़ने दो, परीक्षा समय सब कर लेगी,

हृदय आभार भेट करने दो। अब आराम करने दो।

कोशिश

कोशिशो मे शामिल यह वक्त रहेगा,

हारने का मंजर ये जीत भी रचेगा।

तिनके को समेटे फिर खड़ा हुआ वह,

गिराने को जिसे सारा जमाना फिर रहेगा।

आशाप्रद बीज को धरा की वेदी पे रख,

आत्मबल व साहस से जमीं को सीचेगा।

कुछ यु यह मंजर जीत को रचेगा।

साखो से टूट जाने पर, खाद रूप लेती जो,

कुछ यो पत्तियो के माफिक तुम उपयोग मे रहना।

लाखो मुश्किलो भरे राहो को फतह करना,

जो गर हार भी गये, वीर उसे जीत समझेगा।

ढूँढना

खबरो मे खबर को हू ढूंढ रहा,

बस एक नजर को हू ढूंढ रहा।

तरन्नुम सुने है कई हमने,

बस राग गहर को हू ढूंढ रहा।

सुगंधो से पटी भरी बाजार मे,

गली कुचो का डगर हू ढूंढ रहा।

क्या क्या है सज बैठा बिकने को,

मै इमान लिए रहबर ढूंढ रहा।

गम नही कि रुसवाई किस्मत है,

गम है कि दिल भरम क्यो ढूंढ रह।

क्यों?

पता नही मै लिखता ही क्यो हूँ,

वेदना वर्णित करता ही क्यो हूँ,

वंदना को तज करम की वेदी पर यो,

शब्द नित्य नए रचता ही क्यो हूँ।

वक़्त आ गया

क्या वक़्त आ गया साहब!

जिन्हे पूछना था

वो जवाब देते नही थकते

और जिनसे पूछना था

वो कई सवाल रचे जा रहे।

दौर बदलनी है यह भी,

समय सबकी कहानी रच रही,

हिसाब के मजबूत है साहब उपर वाले,

हर सवाल के जवाब है निकालने वाले,

कुदरत ही कारीगरी है सब दिखाने वाले।।

जीविका

शान्तोचित अवस्था त्याग,

कोलाहल मे आ गए।

जीविकोपार्जन खातिर

हलाहल को भा गए।

मजा इसका भी है अनूठा,

पकवान समझ जो रूखी सुखी खा गए।

समझ

समझ को समझ कर, समझधार जो बना,

धुर्तों ने जाहिलियत की शिखर पर है बैठाया।

बड़े-बुजूर्ग का कथन वो बचपन का,

किताबे होती है ज्ञान का जरिया,

उन बुजुर्गों का व्हाट्सअप मे गोता लगाना जो देखा,

भरोसा मेरा बुजुर्गों पर से देखो बहुत थर्राया।

नयी शहर

गली सड़क शहर नयी, छत मकान दिवारे भी,

हवाये भी बसंती सी, सुबह की धूप गुनगुनी,

शाम की लिए उदासी, लोग भी है लोग से,

भीड़तंत्र यहां भी है, राज करने की निती,

भिन्नता लिए बड़ी, काम ज्यादा लुट कम,

अधिकार बोध छुट कम, धर्म जाति फुट कम,

एकता है गुट कम, विकास की नीव पर,

भविष्य भुत सहेजती, तकनीक की वेदी पर,

सम्पन्नता पधारती, इतिहास पर बहस नही,

इतिहास को सम्भालती, दक्कन का पठार ये,

दायित्व यो निभा रही।।

दर बदर

घुमते हुए यु दर बदर,

तेरी बस इक नजर,

देख, गया जो ठहर,

फिर लगा कि ये शहर,

की है जो यह सहर,

सुरज की धूप मगर,

भी लगती है ठंढी लहर,

वाह रे लहर, सहर की।

सहर शहर की।

फिर कयामत सी नजर।

वाह जबर, वाह जबर।

सत्य

सत्य कब हारा? कहो गर्जन करके।

नभ थर्रा दो, हुंकार भरो अन्तर्मन से।

प्रपंचो को, खल दुष्टो को चुन चुन कर के,

करो पराजित अपने पुरूषार्थ सद्कर्मो से,

वीर हो, विचलित न हो, डटे रहो संग दृढ़ता के,

अहं जिन्हे है ताकत का, सब डरे है तेरे आने से।

समय समय की बात

समय समय की बात है।

कि आज हुई बरसात है,

वहां कभी धूप की जोर थी,

अब रिमझिम सी बरसात है।

मिट्टी का लू संग उड़ना,

चिलचिलाती धूप की तपिश,

देखो अब उसी जगह

सुखद एहसास है,

यह समय-समय की बात है।

कोई जवाब नहीं आया

कोई जवाब नही आया वापसी का, तो ,,, तो क्या??

ये कम थोड़े ही है कि सवाल पुछ तो लिया।

जो कस-म-कस मे गर गवां देते समय,

जवाब ना आना भी स्वीकारोक्ति नही है,,, क्या?

कुछ अनकही बाते अब भी गमक रही,

समझिए इशारे नयनो के, जिन्हें मुख न कर सकी बयां।

मेहनत ठगी गई

कहानी कुछ यु रची गई,

किस्मत मनमानी करती रही,

समय बस गवाही देती रही,

मेहनत हमेशा ठगी गई।

सही ग़लत में बंटना

फिर सही गलत मे हू बट रहा,

दबी बातो से, जज्बातो से,

मै भीतर ही भीतर फट रहा,

कौवो और गिद्धो की भीड़ जमा हो गई,

वे नोचे नही, मै खुद कट रहा,

रक्त रंजीत धरा को मै हू कर रहा,

एहसासो की खुशबू हू फैला रहा,

जमीं से फलक तक मै हू गूंजता,

मै अपनो मे कुछ हू यु बंट रहा।

पांचाली की व्यथा

भृकुटी तनी, लाल नयन तमतमाता तन, श्वासो मे तपन

नथुने फुफकारती पांचाली, स्वयं को धर्मान्वित बतलाकर,

भार्या को हार के चौसर पर, पंच पांडव से हृदय खाली।

फिर प्रश्न पुछती चिरती छाती, अहंकार कुरुवंश को धरम का,

लोक कल्याण व श्रेष्ठ कर्म का। कहो, किस धर्मोचित कार्य हेतू,

भार्या को दाव पर था रखा, मती को क्या था डसा केतु,

भद्रो से पटी थी सन्न सभा। यो गर्जन कर हुंकार भरी,

फिर प्रश्न एक केशव को किया, अच्छा हो गये ऋणमुक्त सही,

पर क्यू नही चक्र को छोड़ दिया। कुरु अहम को क्यु न तोड़
दिया।

जब मर्यादा थी तार हुई, क्यो नही धरा भु डोल किया।

सबला को अबला बना दिए, फिर इश्वर तुम किस अर्थ कहे,

महाभारत को रचने के लिए, मर्यादा मेरी क्यु क्षीण किए,

त्रेता मे जानकी कारण थी बनी, द्वापर मे मै हु ठगी गई।

कलि मे भी कोई नारी होगी, जो कारण हो कोई रण की,

तुम उसका भी बदला लोगे, कोई तो तर्क चिपका दोगे।

मुझको तो समझा ही दोगे, परिभाषा कर्म का रच दोगे।

पर समय गवाही मांगेगा, मानस सन्तुष्टी ना पाएगा,

प्रश्नो के घाव सहने होंगे, पीड़ा मेरी क्या समझोगे,

जो समझ गए तो तड़पोगे, करनी तो प्रायश्चित योग्य नही,

मानव प्रारब्ध सहोगे सही। फिर भी केशव, नमन तुमको,

कर जोड़कर वंदन तुमको। कर जोड़कर वंदन तुमको।

अंजुमन

यु अपनी अंजुमन से लगाये रखना,

झोपड़ों को महलो सा सजाये रखना,

रोटी कपड़े की आस लिए कई है बैठे,

लुटाकर खुद को ये भेद मिटाये रखना।

किस अर्थ आए हो पता नही,

जब तक हो, दिल को किराए रखना,

जाने की घड़ी आ जो जाए कही,

जिन्दादिली ऐसे ही बनाए रखना,

गर्वान्वित हो नभ और सराहे धरती,

अनचाहो को भी प्रेम वश गिराए रखना,

नाक मनुजता की रखनी है तुम्हे उँची,

सत्य पथ व धैर्य सभी को सिखाए रखना।

राम राम

राम राम राम राम। मेरे राम तेरे राम।

नरस्वरुप भवतारक राम। मृदुल तथा मनभावन राम।

दयानिधान उपकारी राम। नृप सुत वनवासी राम।

संहारक जगपालक राम। मर्यादित धर्म पालक राम।

वचनबद्ध सर्वकालिक राम। त्रिलोक स्वामी अविनाशी राम।

संकल्पित मृदुभाषी राम। गृहस्थरत बैरागी राम।

मोहीत स्व मोह भंगी राम। साकार सा निराकारी राम।

स्वयंसेवी सहकारी राम। जगत प्रेम अधिकारी राम।

कुशल क्षेम परोपकारी राम। भयहंता त्रिपुरारी राम।

युगे युगे क्रन्तिकारी राम। हर उर बसे विहारी राम।

काल रुपी प्रलयकारी राम। मद मर्दन संहारी राम।

स्वभाव सरल और तेज प्रबल। हरिवंशी हरि के भी बल।

सरयु का जल पावन निर्मल। चरण पखारती बहती कलकल।

सुर असुर गन्धर्व किन्नर। स्वागत आतुर ब्रम्हाण्ड सकल।

पंथ सम्प्रदाय भेद खतम। लोचन बिछाए यह प्रेम परम।

अब आए सो रहियो अवध। धाम परम भयो देखो भगत।

पग पड़े अवध हो पाप हरण। दर्शन दिजै हे राम रमण।

कौशल नंदन हे मेरे राम। हे स्वामी मै दास तिहारे राम।

हरो दुख जग के बहुतेरे राम। हरिजन थे आस मे तेरे राम।

सदियो पश्चात दिन फेरे राम। लगने दो अब जयकारे राम।

हे मेरे राम हमारे राम। हे नाथ मेरे हे राजा राम।

सोचना

कल कल कर तु सोच रहा,

पल पल मे वो पल खोज रहा,

पलको पर सिमटे बुंदो को,

मोती है उनको यु न बहा।

जो चला गया तेरा न था,

तेरा जो है तेरे पास सदा,

तु स्वयं ब्रम्हा सा विराट खड़ा।

तु विष्णु, तुझमे ही भोला।

विपदा के राह मे टांग अड़ा।

कर उठा पटक अब

रोड़ो का शिश धरती मे गड़ा।

अंजाना एहसास

एक अंजाना ये एहसास रहने दो,

तुम दूर सही इसको पास रहने दो,

खुशबु की तरह हो हवा मे,

रुक्सद होने तक ये सांस रहने दो,

एक अंजाना ये एहसास रहने दो।

फिर चल दिया

मै फिर चल दिया,

यादो को समेटे, समय को समय से,

अलविदा कह दिया, मै चल दिया।

शिकवा शिकायत, क्या सही कौन गलत,

मंदिर की घंटी, कुरान की आयत,

यही इनको छोड़कर, खुद को संविदा पे धर दिया,

मै चल दिया।

पिछे न आना, पड़े ना पछताना,

कुकृत्य सभी मेरे, संगी साथी बहुतेरे,

समेटे अंधेरे, सदा साथ है मेरे,

ठहर भी जाओ, यो पिछे न आओ,

दामन सफेद से, हो जाएंगे मैले,

तुम्हारे लिए ही, तुम्हारे हवाले,

यो खुद को इब्तिदा कर दिया,

इसलिए चल दिया।।

बचपन की यादें

बचपन की यादे, सभी साथ होते,

हंसते और रोते, खाते और सोते,

मेढक की टरटर, उड़ाते थे तोते,

कोयले के चुल्हे, सेंकी बासी रोटी,

खाते हर सबेरे, चाय मे डुबोके,

यारो से गपशप, उड़ाते थे मौजे,

हो भरी दुपहरी, किसी ओट बैठे,

थे पढ़ते चंपक, विसडन मे छक्के चौके,

नन्हे सम्राट व नंदन, के मनोरंजक किस्से,

छुपकर के कॉमिक्स, किताबो मे डाले,

पढ़ते पढ़ाते, कही खो जाते,

सपनो सा कोई, दुनिया बनाते,

बनकर के हिरो, फिर धरती बचाते,

छुआ छुअंत चोर सिपाही, पिट्टो कबड्डी कई खेल खेले,

शाम मे ट्युशन के, टीचर जो आते,

हिन्दी अंग्रेजी के डिक्टेशन कराते,

फिर आती बारी, मैथ साइंस विषय के,

रोचक मजेदार, पर कहर थे ढाते,

छत को पानी से, तबतक नहलाते,

जबतक की उसपे, नंगे पैर न चल पाते,

बिजली का आना, टीवी से चिपक जाते,

चित्रहार सिनेमा, कभी पूरी न कर पाते,

बिजली का जाना, लालटेन पर आ जाते,

फिर सभी सब घरो से, अपने अपने छत पर आते,

आस पड़ोस की, गोष्ठी चलाते,

हसी ठहाको से, गुलजार थी राते,

भोजनोपरान्त छत पे, बिस्तर बिछाते,

जल्दी जल्दी, मच्छरदानी लगाते,

फिर एक दौर, किस्सो के चलते,

सुनते सुनाते, थे निंद मे समाते,

कुछ ऐसे है हमने, ग्रीष्म ऋतु बिताए,

कुछ ऐसे है हमने, अपने बचपन बिताए।।

समंदर और सरिता

सभी भाव मुझमे मगर है दबे से,

जो जाहिर करु तो जगत मुझको रोके,

कहे कि, नही ये तुम्हारे लिए है,

तो जाओ तुम अपने जहां से हो आए,

मै आंखो मे अपने लहु को दबाकर,

चला जा रहा अपनी यादे बहाकर,

किसी दुनिया मे हम कभी फिर मिले जो,

करुंगा बयां दिल की बाते मै तुमको,

समन्दर बनु तुमको सरिता बनाकर,

फिर मिलकर के सुन्दर सी दुनिया बसाकर,

वही के फिर होके वही पर रहेंगे,

सुख दुख सभी हम मिलकर सहेंगे।।

रंगरेज़

मै उन रास्तो से कुछ यु गुजर गया,

जैसे झोका हवा का खुशहाल कर गया,

न रंगी चुनर तेरी न खुद को ही रंगा,

रंगरेज होने पर सवाल कर गया,

मै उन रास्तो से कुछ यु गुजर गया।।

धैर्यवान

कंपकंपाती ठंड की गरम चाय बनो,

आग उगलती गर्मी की ठंडी छांछ बनो,

हर मुश्किल का हल वक्त ले ही आती है,

तुम बस धैर्यवान सीना ताने जाट बनो।

कभी जो हालात की उठा पटक हो,

लड़ो, गिरो, उठो, फिर लड़ो, ये सनक हो,

अरे रस्सी भी शिला को काट जाती है,

तुम मेहनत हिम्मत की ऐसी पाठ बनो।।

आज का चिड़ियाघर

एक बार की बात सुनो, मै हु जो गाता राग सुनो,

एक चिड़ियाघर बिना चिड़ियो के, यो देख मै था निराश बड़ा,

सब जन्तु देख गंभीर खड़ा, गर नाम है इसका चिड़ियाघर,

तो चिड़िया ही क्यो नही यहां, यह प्रश्न लिए मै सोच रहा,

फिर सांस खिच के जोश भरा, प्रबन्धक के पास गया,

बोला मै हु हतप्रभ बड़ा, क्यो चिड़ियाघर है नाम रखा,

वो बोला, भाई नये हो क्या, या फिर नयनो मे कीचड़ है भरा,

यह प्रश्न तुम्हारा व्यर्थ बड़ा, अरे नजर घुमाकर देख जरा,

सभी नेतागण चिड़िया है बने, फुदक फुदक बदला पाला,

कभी एक डाल के हो न सके, यही देख चिड़ियो ने ताला जड़ा,

बोली अब यहां इज्जत न रहा, जाते हुए मन निराश घना,

यह बात भाव को तोड़ पड़ा, फिर मन मे ही मै था प्रसन्न बड़ा,

कि उत्तर मुझको था मिल जो गया।

पथिक

इस जमीं से इस धरा के पार जाकर देख लो, ये जमीं क्या,
तुम जहां के पार जाकर देख लो,

अपने जैसा ना कोई इन्सां कही तुम पाओगे, पाओगे गर तो
कहानी फिर कोई रच जाओगे,

नित नए सपने को बुन फिर उसमे खोए जाते हो, बंद आंखो से
तो सपने जन सभी है देखते,

देखकर भी सब भुला बैठै उसे, जैसे ही जगते खुली आंखो से जो
देखे, तुम वीर बन जाओगे,

रास्ते मे जो भी बाधा हो, सामना कर जाओगे, ये न हो के
भाषणो के शोर बन छुप जाओगे,

ये हुआ तो फिर खुदी को खुद से क्या छुपा पाओगे, क्या तुम
अपनी अंतर्मन की व्यथा ही सह पाओगे,

लोक वाक़ की तुम्हे परवाह नही है मेरी जां, पर ये क्या सच है
नही की खुद स्वयं से लड़ जाओगे,

इससे बेहतर यह ही है की तुम जो बढ़ते जाओगे, अब सही न
हो मगर कल को सही कर जाओगे,

क्या सही व क्या गलत की शोरगुल से दूर हम, इस जहां की
भागा भागी से भले है दूर हम,

देर से ही सही पर सब सही कर जाओगे, तप रहे हो तुम पृथा
की वेदी पर ओ मेरी जां,

सोने की भाँति जरा तुम भी सवारे जाओगे, वक़्त के रथ पर
सवार जो भी है हो सका यहां,

ठोक छाती के कुचल सर्पों को आगे वो बढ़ा, ठीक होगा ये कि
तुम भी इस समर मे कूदना,

जीत कर के भी तुम्हे हारो को है स्वीकारना, क्योंकि वे ही है
जो असलियत मे जीत को जानते,

हार गए तो भी समर मे कूदना कम क्यो कहे, ज़िन्दगी न जीत
न ही हारने का नाम है,

गिर के उठना उठ के चलना बस यही पैग़ाम है, राही बन कर
के ही बस आगे को बढ़ते जाना है,

अर्थहीन जो है अभी सब अर्थपूर्ण बन जाना है, हे पथिक, बन
पथ प्रदर्शक तुमको चलते जाना है,

तुमको चलते जाना है, तुमको चलते जाना है।।

मौन

चुप रहना जब से सीख लिया, लोगो को पढ़ना सीख लिया,

सुनने का हुनर जो रंग लिया, सपनो को गढ़ना सीख लिया,

चुप रहना जब से सीख लिया।

परपंचो का संरचना हो, आडंबर से जो बचना हो,

सुन्दर संसार जो रचना हो, सोई कारण मुठ्ठी भींच लिया,

चुप रहना जब से सीख लिया।

लोगो को कहने देता हु, जी हल्का होने देता हु,

मै सुनकर बड़े ख़ामोशी से, दिल उनके मै भर देता हु,

वसुधा ने ही ये भीख दिया, हृदय मे प्रेम को लिख जो दिया,

यु चुप रहना मैने सीख लिया।।

यह पृष्ठ जान बुझ कर रिक्त रखा गया है ।

www.ingramcontent.com/pod-product-compliance
Lightning Source LLC
Chambersburg PA
CBHW031743150726

47989CB00006B/2571